천년왕국 신라의 빛

거서간 박혁거세

글 최향미 | 그림 방기황

황금의 나라 신라의 상징, 금관총금관. 국보 제87호.(국립경주박물관 경박200706-87)

찬란한 황금 문화를 꽃피웠던 천년왕국 신라.

눈부신 황금의 나라 신라는 누가 세웠을까요?

바로 나정 우물가 알에서 태어난 박혁거세입니다.

세상을 밝힌다는 뜻을 지닌 이름처럼

박혁거세 왕은 신라 왕국의 기틀을 굳게 다집니다.

박혁거세 왕의 개방과 포용 정치로 발전해 가는

신비하고 흥미진진한 신라의 건국 신화 속으로 들어가 볼까요?

신비한 우물 속으로 · 6

우물가 알에서 태어난 아이 · 12

알영을 만나다 · 20

쇠로 만든 무기를 든 사람들 · 33

왕위에 오르다 · 43

 온 누리에 밝은 빛을 · 51

세상을 환히 밝힌 빛 · 60

◆ 눈부신 황금의 나라 신라는…? · 62

신비한 우물 속으로

'백하나, 백둘, 백셋, 백넷, 백다섯……'

눈을 꼭 감고 한참 동안 숫자를 세어 보았지만 잠은 안 오고 정신만 말똥말똥해질 뿐이었습니다. 성호가 잠 못 이루는 까닭은 내일 학교에서 1박 2일로 수련회를 가는데 거기서 담력 훈련을 해야 하기 때문입니다. 괜찮을 거라고 스스로 최면을 걸어 보지만, 그럴수록 성호의 심장은 쿵쾅거리며 무섭다는 신호를 보내 옵니다.

'안 무서울 거야. 이제 자야 해. 이백하나, 이백둘, 이백셋, 이백넷……'

어느새 잠이 들었나 봅니다. 엄마가 깨우는 소리에 겨우 눈을 뜬 성호는 걱정부터 앞섭니다.

"엄마, 나 수련회 안 가면 안 될까? 담력 훈련 가기 정말 싫단 말이야!"

"지금 생각에는 무서울 것 같아도 막상 가면 재미있을 거야. 그러니 어서 갔다 와."

성호는 어쩔 수 없이 무거운 발걸음으로 학교에 갔습니다. 학교 운동장에는 수련회장으로 가는 버스들이 기다리고 있었습니다. 성호는 5학년 4반이라고 팻말이 붙은 버스에 올라탔습니다. 반 친구들은 벌써 다 와 있었습니다. 다들 기대에 부풀어 이야기꽃을 피우고 있었습니다.

"모두 다 탔지? 그럼 이제 수련회장으로 떠난다."

"와아!"

　　선생님 말이 떨어지기가 무섭게 아이들은 신이 나서 소리쳤습니다. 버스가 시외로 빠져 나오자 바깥 풍경이 확 달라졌습니다. 노란 은행나무가 그림처럼 서 있는가 싶더니 가을바람에 살랑거리는 코스모스가 아름답게 길가를 장식하고 있었습니다. 울긋불긋 온통 단풍으로 물든 산은 한 폭의 그림 같았습니다. 바깥 풍경을 보자 담력 훈련할 생각 때문에 무거웠던 성호의 마음도 조금씩 풀렸습니다.

　　친구들과 웃고 떠들며 장난치다 보니 버스는 어느새 수련회장에 와 있었습니다.

　　"이제부터는 교관님이 너희를 돌볼 테니 교관님 말에 잘 따라야 한다. 그럼 끝나고 나서 다시 만나자."

　　선생님이 자리를 뜨자 금세 무섭게 생긴 교관이 아이들 앞에 나타났습니다.

　　"나는 앞으로 1박 2일 동안 여러분을 책임질 교관이다. 이제부터 내 말에 잘 따라 주길 바란다. 먼저 정해진 자기 방에 가서 짐을 풀고 곧바로 뒤편 강당으로 모여라. 자, 실시!"

　　교관의 말이 떨어지자마자 아이들은 후닥닥 움직였습니다. 짐을 풀고 강당에 모인 아이들은 한참이 지나도 교관이 안 나타나자 여기저기서 떠드는 소리가 들렸습니다.

　　"삑!" 바로 그때 교관이 호루라기를 불며 아이들 뒤에서 불쑥 나타났습니다. 성호는 물론 아이들은 금세 쥐 죽은 듯 조용했습니다.

"자, 주목! 지금부터 하는 얘기를 잘 들어야 한다. 강당 뒤에는 야트막한 산이 있다. 오늘 밤 그곳에서 담력 훈련을 할 것이다. 네 사람씩 조를 짜서 한 시간 반 안에 산 중턱에 있는 폐가 안에 들어가, 왔다 갔다는 글을 남기고 오면 된다. 곳곳에는 너희의 담력을 시험할 장애물들이 있다. 처음에는 무서울지 몰라도 시간이 지날수록 차츰 괜찮아질 것이다. 조끼리 서로 잘 마음을 모아서 한 사람도 못 돌아오는 일이 생기지 않아야 한다. 알겠나?"

"네!"

드디어 담력 훈련 시간이 다가왔습니다. 1조에 든 성호는 짝을 지어 어두컴컴한 산길을 올랐습니다. 산길로 들어서자 바람도 안 부는데 어디선가 세찬 바람소리가 들려왔습니다. 성호는 다리가 후들거려 제대로 걸을 수가 없었습니다. 그러자 성호의 단짝 친구인 수지가 성호의 손을 꼭 잡고 이끌었습니다. 얼마나 걸었을까요? 이번에는 산길에 하얀 물체가 흐느적거리며 흔들거리는 것이었습니다. 그러더니 갑자기 울음소리가 울려 퍼졌습니다.

"엄마야!"

모두들 소스라치게 놀라 고함을 질렀습니다.

"얘들아, 정신 차려. 저건 종이야, 종이! 잘 봐. 종이가 바람에 흐느적거리는 거야."

　수지의 말에 놀란 가슴을 겨우 다스리고 산길을 올라가자 이번에는 바닥이 물컹하더니 발이 쑥 하고 빠졌습니다. 곧이어 불이 확 켜지더니 무시무시하게 생긴 커다란 개가 눈앞에 떡하니 나타났습니다. 다들 놀라 소리를 지르자 개도 마구 짖어 댔습니다. 모두들 겁에 질려 제정신이 아니었습니다. 한 친구는 소리를 지르며 왔던 길을 되돌아가 버렸습니다. 성호도 뒤따라가려고 했지만 수지가 붙잡았습니다.
　"성호야, 무서워도 끝까지 가야 해. 네가 겁보가 아니라는 걸 이참에 보여 줘."
　성호는 수지의 말에 눈을 질끈 감고 무서움을 참아 보기로 했습니다.
　폐가 앞 우물에 이르자 지시 사항이 팻말에 적혀 있었습니다.
　〈한 사람씩 우물 속을 들여다보고 본 것을 폐가에 들어가서 적기!〉
　"누가 먼저 할래?"
　남은 두 친구의 손이 모두 성호를 가리켰습니다. 마지못해 성호는 우물 앞에 섰습니다. 온몸이 사시나무 떨리듯 하고 머리도 빙빙 도는 것 같았습니다. 성호는 겨우 용기를 내 우물 속을 들여다보았습니다. 그러자 우물의 물이 뱅뱅 돌더니 갑자기 성호를 끌어당겼습니다.
　"으아아악!"
　성호는 눈 깜짝할 사이에 우물 속으로 빨려 들어가고 말았습니다.

천년왕국 신라를 세운 박혁거세 왕의 무덤이 있는 오릉!

수학여행을 가면 꼭 들르는 곳이 있죠? 바로 신라의 왕과 왕족들의 능으로 이름난 대릉원입니다. 하지만 그보다 이른 신라 왕들의 능은 따로 있습니다. 바로 경주 남산 기슭에 있는 오릉입니다. 이들 다섯 기의 능은 박혁거세 왕과 왕비인 알영 부인, 아들인 2대 남해왕, 손자인 3대 유리왕, 증손자인 5대 파사왕의 능이라고 알려져 있습니다. (시몽포토)

우물가 알에서 태어난 아이

사방이 산으로 둘러싸인 서라벌에는 고조선의 유민들이 모여 여섯 마을을 이루고 평화롭게 살고 있었습니다. 마을에는 촌장이 있어 이들 여섯 촌장들은 초하룻날이 되면 알천 둑 위에 모여 여섯 마을의 중대한 일들을 의논하고 결정했습니다.

어느 초하룻날, 6촌장 회의를 마치고 마을로 돌아가던 고허촌의 촌장 소벌공은 예사롭지 않은 밝은 빛에 이끌려 자기도 모르게 그곳으로 발길을 돌렸습니다. 그곳은 바로 나정이라는 우물이었습니다.

우물가에 다가간 소벌공은 깜짝 놀랐습니다. 그곳에 눈이 부시게 하얀 말이 무릎을 꿇고 앉아 있는 것이었습니다. 흰말은 소벌공을 보자 금세 어디론가 사라져 버렸습니다. 흰말이 꿇어앉아 있던 자리에는 놀랍게도 자줏빛 알 하나가 놓여 있었습니다. 소벌공은 조심스럽게 그 알 가까이 다가갔습니다.

그러자 더 놀라운 일이 벌어졌습니다. 알이 쪼개지더니 그 속에서 사내 아기가 나온 것입니다.

'아니, 이럴 수가! 어떻게 이런 일이…….'

소벌공은 서둘러 아기를 우물물에 씻겼습니다. 몸을 씻기고 나자 아기의 몸에서는 눈부신 빛이 나는 듯했습니다.

'이 아이는 하늘이 내려 주신 게 틀림없어.'

소벌공은 그 길로 곧장 아기를 안고 집으로 갔습니다. 모임에 갔던 남편이 아기를 안고 나타나자 소벌공 부인 또한 깜짝 놀랐습니다.

"여보, 웬 아기예요?"

소벌공은 부인에게 자초지종을 얘기했습니다.

"부인, 명심하시오. 우리는 이 아이를 친자식보다 더 소중히 키워야 할 것이오."

소벌공은 세상을 크게 밝힌다는 뜻으로 아기의 이름을 박혁거세라고 지었습니다. 박혁거세는 하나를 가르치면 열을 알 만큼 똑똑한 아이로 커 갔습니다. 소벌공은 그런 박혁거세를 끔찍이 아끼고 사랑했습니다. 어느덧 박혁거세는 열세 살 생일을 맞았습니다.

"안 돼요!"

소벌공의 아들 소청은 화가 나서 버럭 소리를 질렀습니다. 소벌공이 자기 목에 걸고 있던 은방울 목걸이를 열세 살 생일 선물로 박혁거세 목에 걸어 줬기 때문입니다. 은방울 목걸이는 소청이 가장 갖고 싶어 하던 것이었습니다.

"왜 늘 좋은 건 다 혁거세한테만 주는 거죠? 왜 늘 저만 양보해야 하는데요?"

"아니, 이 녀석이 버르장머리 없이 어디서 소리를 지르느냐?"

"아버님, 저는 은방울 목걸이가 필요 없어요. 그건 소청 형님한테 더 잘 어울리니 형한테 주세요."

박혁거세가 은방울 목걸이를 양보하자 소청은 더욱 화가 났습니다.

"흥! 아버님께 잘 보이려고 맘에도 없는 소리를 해?"

소청은 박혁거세를 밀치고 밖으로 뛰쳐나갔습니다.

"아니, 저런 못된 놈이 있나? 혁거세야, 괜찮으냐?"

"네, 괜찮아요."

박혁거세를 안아 일으켜 세우는 아버지의 모습을 멀리서 지켜보는 소청의 마음은 쓰라리기 그지없었습니다. 아버지가 박혁거세한테 애정을 쏟으면 쏟을수록 소청은 더욱더 박혁거세를 괴롭혔습니다. 그런데도 박혁거세는 화를 내거나 대들지도 않았습니다. 소청은 그런 박혁거세가 더 얄미웠습니다. 소청은 날이면 날마다 오로지 박혁거세를 된통 골탕 먹일 궁리만 했습니다.

'그래! 내가 왜 그 생각을 못했을까?'

그 뒤부터 소청은 무슨 꿍꿍이인지 박혁거세를 대하는 태도가 싹 달라졌습니다.

"혁거세야, 그동안 나 때문에 힘들었지? 이제부터는 널 안 괴롭힐게. 못난 형을 용서해 줘."

소청이 그렇게 나오자 당황스러운 것은 오히려 박혁거세였습니다.

"형, 그러지 마. 난 그렇게 생각한 적 없어."

"그래, 고마워. 이제부터 우리 사이좋게 지내자. 그럼 우리 화해하는 뜻에서 내일 소풍이나 갈까?"

"응, 형. 좋아."

소청이 정한 소풍 장소는 양산이었습니다. 양산은 고허촌 끄트머리에 있는 높고 험한 산입니다. 6촌장의 자제들은 열네 살이 되면 다같이 모여 산과 강을 돌아다니며 몸과 마음을 닦고 무술을 연마해야 합니다. 그 때문에 열다섯 살인 소청은 양산에 여러 차례 가 봤습니다. 하지만 열세 살인 박혁거세는 양산에 처음 가 보는 것입니다.

"형, 양산은 소풍 가기에 너무 멀고 험하지 않아?"

"괜찮아. 이 형만 믿고 따라오면 돼."

다음 날 소청과 박혁거세는 양산으로 소풍을 떠났습니다. 둘은 쉬지 않고 걸었습니다. 한참을 걷고 걸어서야 마침내 양산에 다다랐습니다. 소청은 다람쥐처럼 잽싸게 양산에 올랐습니다. 박혁거세는 소청을 안 놓치려고 있는 힘을 다해 양산에 올랐습니다. 계곡과 바위를 얼마나 많이 오르락내리락했는지 모릅니다. 박혁거세는 지칠 대로 지쳐 더는 산에 오를 수가 없었습니다.

"형, 이제 더는 못 가겠어."

"그래? 그럼, 여기서 기다리고 있어. 내가 물을 떠 올게. 내가 올 때까지 여기서 꼼짝 말고 기다리고 있어야 해."

"응, 형. 고마워."

소청은 박혁거세를 내버려 둔 채 그 길로 양산을 내려왔습니다.

'날이 어둡기 전에 빨리 집으로 가야 해.'

그런데 웬일인지 소청은 마음이 편치 않았습니다. 깊은 산속에 혼자 남아 있을 박혁거세의 얼굴이 자꾸 눈에 아른거렸기 때문입니다.

'약해지면 안 돼. 지금까지 혁거세 때문에 속상했던 걸 생각해 봐. 혁거세는 쓴맛을 봐도 싸.'

그런 다짐도 잠시, 소청은 다시 산 쪽으로 발길을 돌렸습니다. 소청은 한 번도 안 쉬고 뛰고 또 뛰었습니다. 해는 벌써 뉘엿뉘엿 지고 있었습니다. 마침내 소청이 박혁거세를 홀로 남겨 두고 왔던 그곳에 이르렀습니다. 그런데 박혁거세의 모습은 그 어디에도 없었습니다.

"혁거세야, 어디 있어? 형이 왔어. 어디 있냔 말이야?"

소청이 목을 놓아 있는 힘껏 불러 봤지만 박혁거세는 아무런 대답이 없었습니다.

역사스페셜 박물관

발굴 전 경주 나정의 모습

경주시 탑동에 있는 나정은 숲에 둘러싸인 우물이라는 뜻입니다. 박혁거세 왕은 이곳 우물가 알에서 태어났다고 전해집니다. 옛 사람들은 박혁거세 왕의 탄생 신화가 깃든 이 우물을 매우 신성히 여겼습니다. 조선 시대에는 이곳을 매우 중히 여겨 박혁거세 왕이 태어난 우물 터 위에 사각형 화강암을 덮어 우물 표지를 하고는 사당을 세웠습니다. 그러고는 담을 둘러 박혁거세 왕의 탄생지로 만들어 놓았습니다. (시몽포토)

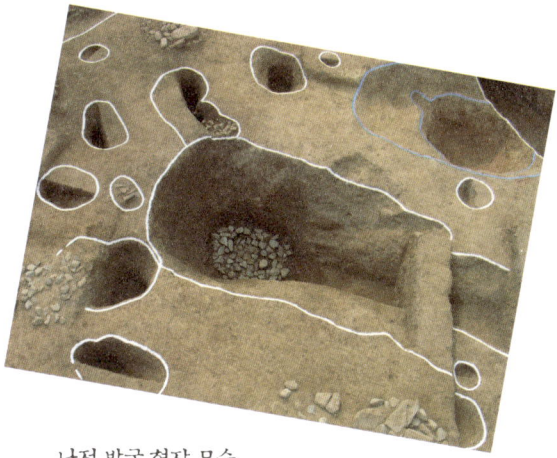

나정 발굴 현장 모습

지난 2005년 발굴 때 나정에서는 놀라운 사실이 밝혀졌습니다. 조선 시대 때 상징의 뜻으로 꾸며 놓은 우물 표지 바로 옆에서 진짜 우물이 나온 것입니다. 실제로 우물 바닥에는 물이 솟아오를 때 물을 깨끗하게 거르는 구실을 하는 강돌까지 깔려 있었습니다. 그리고 둘레에는 우물을 보호하는 시설이 들어서 있었다는 것을 알 수 있는 흔적도 발견됐습니다. (중앙문화재연구원)

● **나정에서 발굴된 유물들**

깨진 토기들

나정에서 발굴된 유물은 모두 천이백 점이 넘는데, 거의 다 기와와 토기입니다. 이곳 토기들은 거의 다 깨진 채로 발견됐습니다. 옛날 사람들은 제사를 지내고 난 그릇들은 깼다고 합니다. (중앙문화재연구원)

두형 토기

굽이 긴 다리에 사발이 얹어진 형태의 두형 토기는 기원전 3세기에서 기원후까지 썼던 제사용 그릇입니다. 이 두형 토기를 보고 고고학자들은 신라 사람들이 나정에서 시조께 제사를 올렸다는 사실을 알 수 있었습니다. (중앙문화재연구원)

알영을 만나다

형이 물을 떠 오기만을 기다리던 박혁거세는 너무 힘이 든 나머지 그만 잠이 들고 말았습니다. 한참을 자다가 추워서 잠이 깬 박혁거세는 둘레를 살펴보고는 깜짝 놀랐습니다. 어느새 해가 져 산속이 깜깜했기 때문입니다.

"형, 어디 있어? 형!"

쥐 죽은 듯 조용한 산속에서 들려오는 소리는 박혁거세의 목소리가 이 산 저 산에서 울려 나는 메아리뿐이었습니다. 너무 춥고 무서워 박혁거세는 온몸이 부들부들 떨렸습니다.

'정신을 차려야 해. 이렇게 있다간 얼어 죽고 말 거야. 움직여야 해.'

하지만 생각과 달리 몸이 잘 움직여지질 않았습니다. 정신을 차리려고 해도 자꾸 눈앞이 가물거렸습니다. 그때였습니다. 저쪽 어딘가에서 환한 빛이 박혁거세 쪽으로 다가오는 것이었습니다.

'저게 뭐지?'

그것은 온몸이 하얀 빛깔인 말이었습니다. 흰말은 박혁거세 앞으로 다가오더니 무릎을 꿇어 등에 타라는 듯 몸을 들썩거렸습니다.

"나보고 타라는 거야?"

그러자 말은 고개를 끄덕였습니다. 박혁거세가 등에 올라타자 말은 일어서서 다그닥다그닥 말발굽 소리를 내며 천천히 걸었습니다. 박혁거세는 말 등이 너무 따듯하고 편안하다는 생각이 들었습니다. 박혁거세는 자기도 모르게 말 등에 탄 채 스르르 잠이 들고 말았습니다. 눈을 뜨자 아침이었습니다. 말은 밤새 박혁거세를 등에 태우고 있었습니다. 박혁거세는 얼른 말에서 내렸습니다.

"고마워. 밤새 나를 태우고 있느라 고생했지?"

그러자 말은 흰 갈기를 살래살래 흔들며 아니라고 말하는 듯했습니다. 그런 말이 기특해서 박혁거세는 말 등을 쓰다듬어 주었습니다. 그때였습니다.

"넌 누구지?"

백옥같이 하얗고 어여쁜 여자 아이가 박혁거세의 등을 톡톡 두드리며 물었습니다. 박혁거세는 아무 말도 못하고 그저 넋을 잃고 여자아이의 얼굴을 바라봤습니다.

"넌 누구냐니깐?"

"어? 어, 나는 박혁거세라고 해."

"난 알영이라고 해. 저 골짜기 너머 숲 속 마을에 살고 있어. 근데 넌 어디서 왔어?"

"고허촌. 형을 기다리다 그만 길을 잃어버렸어. 그렇지만 곧 형이 날 찾으러 올 거야."

그 말이 끝나기가 무섭게 박혁거세의 배에서 꼬르륵 소리가 났습니다. 박혁거세는 배를 움켜잡고 꾹 참으려 했지만 꼬르륵 소리는 멈추질 않았습니다. 박혁거세는 창피해서 얼굴이 새빨개졌습니다.

"호호, 너 배가 많이 고픈 모양이구나. 우리 집에 가자. 남은 밥이 있을지 몰라. 할머니가 계시긴 하지만……."

알영은 흰말과 박혁거세를 안내했습니다. 울창한 숲 속 길로 접어들자, 길이 점점 좁아졌습니다. 그 길로 한참을 가니 빽빽했던 숲이 듬성듬성해지면서 이름 모를 예쁜 꽃나무들이 자라는 구불구불한 길이 끝없이 나왔습니다.

길 한쪽은 가파른 낭떠러지여서 길은 절벽을 따라 굽이굽이 돌아가고 있었습니다. 마치 그림에서 보던 길 같았습니다. 꽃나무 사이로는 저마다 다른 모양과 빛깔을 한 나비들이 나풀거리고 있었습니다. 박혁거세는 마치 하늘나라에 와 있는 듯한 느낌이 들었습니다.

마침내 커다란 절벽을 돌아서자 탁 트인 넓은 들판이 나왔습니다. 놀랍게도 그 들판 한가운데 아담한 마을이 있었습니다.

'정말 이런 곳에 사람이 살까?'

수십 채나 되는 기와집과 초가집이 옹기종기 모여 있는 가운데 가장 먼저 눈에 들어온 것은 커다란 우물이었습니다.

"저건 알영 우물이야. 내 이름하고 똑같지? 내가 갓난아기 때 할머니가 이 우물가에서 울고 있던 나를 데려다 기르셨대. 우물 이름을 따서 내 이름도 알영이라고 지으셨어. 난 부모님이 안 계셔. 그 대신 할머니가 날 정성스럽게 키워 주셨으니 정말 다행이야. 안 그래?"

알영은 아무렇지도 않은 듯 박혁거세한테 자기가 어떻게 자랐는지 얘기했습니다. 박혁거세는 그런 알영이 측은하게 여겨졌습니다. 우물 둘레의 집들을 살펴보다가 박혁거세는 또 한 번 놀랐습니다. 집집마다 말을 키우고 있었기 때문입니다.

'내가 사는 곳에는 오직 촌장들만 말을 키울 수가 있는데, 여기서는 집집마다 말을 키우는구나. 이 마을은 대체 어떤 마을일까?'

알영은 신기해하는 박혁거세를 데리고 자기 집으로 갔습니다. 마을 가장자리에 있는 알영의 집은 금방 쓰러질 것 같은 허름한 초가집이었습니다.

"할머니, 친구가 왔어요. 쫄쫄 굶었나 봐요. 밥 좀 주세요."

"아침부터 무슨 친구야?"

방에 있던 할머니가 문을 열고 나왔습니다. 할머니는 집 앞에 서 있는 흰말과 박혁거세를 보자 멈칫거렸습니다.

"아니, 이런 신령스러운 흰말이 어떻게 여기에 온 거야? 그리고 너는 누구야?"

할머니는 박혁거세를 보며 차갑게 말했습니다.

"할머니, 이 아이는 형하고 산에 왔다가 혼자서 길을 잃어버렸나 봐요. 그러니 너무 무섭게 그러지 마세요. 쫄쫄 굶은 것 같으니 어서 밥 좀 차려 주세요."

알영이 간절히 사정을 하자 할머니는 말없이 부엌으로 들어가 밥을 차렸습니다. 할머니가 내온 밥상 앞에 앉은 박혁거세는 바늘방석에 앉은 것처럼 마음이 불편했습니다.

"먼저 밥부터 먹자. 그런 다음 무사님께 말씀드리러 가자."

"네, 할머니. 혁거세야, 걱정 말고 어서 밥 먹어."

허겁지겁 밥을 먹고 나자 할머니와 알영은 박혁거세를 마을에서 가장 큰 집으로 데려갔습니다.

"무사님, 계십니까?"

알영이 소리 내어 부르자 우람한 몸집의 사내가 방에서 나왔습니다.

"알영 할머니, 어쩐 일이십니까? 알영이도 왔구나?"

반갑게 인사하던 사내는 박혁거세를 보자 금세 얼굴이 굳어졌습니다.

"무사님, 길을 잃고 헤매는 이 아이를 알영이가 집으로 데려왔습니다. 고허촌에 산다고 하는데 여기가 어딘지도 모른다고 합니다. 곧 돌려보내겠습니다."

알영 할머니가 사내한테 굽실거리며 말했습니다.

"이러시면 곤란합니다. 낯선 사람은 절대로 마을에 발을 들여놓지 못하게 되어 있지 않습니까? 이러다가 자칫 우리 마을의 존재를 세상이 다 알게 될까 걱정입니다."

"무사님, 알영이가 철이 없어서 그만 실수를 했습니다. 이 늙은이를 봐서 이번 한 번만 용서해 주십시오."

할머니가 쩔쩔매며 용서를 비는데도 무사는 언짢은 표정을 지었습니다. 박혁거세는 그런 무사의 태도에 울컥 화가 났습니다.

"이보시오, 무사 양반. 할머니한테 그 무슨 버르장머리요? 나 때문에 벌어진 일이니 화를 내려면 내게 내시오. 할머니가 무슨 잘못이 있다고 그러시오."

박혁거세의 호통에 무사는 어이가 없었습니다.

"아니, 이 녀석 봐라."

알영은 어서 잘못했다고 빌라고 했지만 박혁거세는 아랑곳하지 않고 하던 말을 이었습니다.

"무슨 까닭인지 몰라도 이 마을을 세상에 알리고 싶지 않은 모양인데, 내 결코 말하지 않을 테니 걱정하지 마시오."

무사는 박혁거세가 보통 아이가 아니라고 생각했습니다.

"허허, 맹랑한 놈이로구나. 네 용기가 기특해 이번만은 특별히 용서해 주겠다. 그러니 다시는 이곳에 나타나지 마라. 알았으면 어서 이 마을을 떠나거라."

바로 그때였습니다. 또 다른 사내가 누군가를 등에 업고 무사 집으로 들어왔습니다.

"무사님, 마을 앞에 수상한 자가 쓰러져 있었습니다. 아마 뱀에 물린 것 같습니다."

업혀 온 사람은 다름 아닌 박혁거세의 형 소청이었습니다.

"아니, 형! 대체 이게 어떻게 된 거야? 무사님, 제발 형을 좀 살려 주십시오."

박혁거세의 말이 채 끝나기도 전에 알영이 나섰습니다.

"아저씨, 어서 환자의 옷을 찢어서 독이 안 퍼지게 상처 가까운 곳을 천으로 꽉 묶으세요."

소청을 업고 온 사내가 알영이 시킨 대로 하자 알영은 뱀한테 물린 곳을 입으로 빨아 시커먼 피를 뽑아 냈습니다.

"아저씨, 제가 따다 나눠 드렸던 삼엽초를 어서 좀 갖다 주세요."

삼엽초를 가져오자 알영은 꼭꼭 씹더니 소청의 상처에 발랐습니다.

"조금만 늦었어도 큰일 날 뻔했어요. 그런데 어쩌죠? 하루 동안 꼼짝 않고 누워 있어야 하는데……."

"흠, 할 수 없지. 사람 목숨보다 더 중요한 것은 없으니 알영이 네가 집에 데려다가 잘 보살펴 주어라."

박혁거세는 무사한테 고맙다고 말하고 나서 소청을 업고 알영이 집으로 갔습니다. 펄펄 끓듯 하던 열은 내렸지만 소청은 아직도 정신을 못

차렸습니다.

"형, 정신 좀 차려! 응, 형!"

"그냥 푹 자게 둬. 내일이면 괜찮아질 거야."

"정말 고마워. 그런데 너 정말 대단하다. 어떻게 그런 놀라운 재주를 지니게 됐어?"

"어릴 적부터 나물 캐러 다니시는 할머니만 졸졸 따라 다니다가 나도 모르게 병을 낫게 하는 약초를 알아보는 눈이 생겼어. 희한하게도 약초를 들여다보고 있으면 약초가 제 쓰임새를 내게 말해 주는 거 있지. 아이들은 그런 내가 이상하다고 날 멀리 해. 너도 내가 조금 이상한 아이로 보여?"

"아니야. 그런 능력을 타고난 네가 정말 부러워."

"정말? 고마워. 네 형 푹 자게 놔두고 우리는 밖에 나가자. 내가 마을 구경시켜 줄게."

깊은 산속에 자리하고 있는 알영의 마을은 무척 평화로워 보였습니다. 뛰어노는 아이들은 물론 밭을 가는 사람들의 얼굴에서도, 빨래하는 아낙네의 얼굴에서도 행복한 느낌이 물씬 묻어났습니다.

오후가 되자 마을 사내들이 광장으로 모였습니다. 사내들은 손에 쇠로 된 무기를 들고 있었습니다. 다 모이자 무사는 그들한테 무술을 가르쳤습니다. 쇠로 된 무기를 휘두르는 무예 실력에 박혁거세는 입을 다물 수가 없었습니다.

"우리 마을 사람들은 북방에서 내려왔어. 쇠로 된 무기도 거기서 쓰던 거야. 서로 죽고 죽이는 전쟁이 지긋지긋해서 바깥 사람들의 발길이 안 닿는 이 깊은 산속까지 들어와 살게 됐지. 우리 마을 남자들은 적들이 쳐들어올 것에 대비해 무사님의 지휘 아래 하루도 안 거르고 열심히 무예 연습을 하고 있어. 지금 네가 보고 있다는 걸 무사님이 아시는 날엔

우린 둘 다 큰일 나. 들키기 전에 어서 가자."
 박혁거세는 알영이한테 그 얘기를 듣자 이 마을에 더욱 호기심이 커져 갔습니다. 알영은 박혁거세의 손을 잡고 아무도 모르는 자기만의 비밀 장소로 데려갔습니다.

역사스페셜박물관

양산재
실제로 경주에는 6촌장의 위패를 모시고 제사 지내는 사당이 있습니다. 바로 경주시 탑동에 있는 양산재입니다. 박혁거세 왕의 손자이자 신라 3대 왕인 유리왕은 박혁거세를 왕으로 추대한 6촌장의 공로를 기리려고 그들에게 성씨를 내려 주었다고 합니다. 양산촌장은 이씨, 고허촌장은 최씨, 진지촌장은 정씨, 대수촌장은 손씨, 가리촌장은 배씨, 고야촌장은 설씨로 6촌장은 이들 성씨의 시조입니다. (시몽포토)

나도 촌장이야!

알영정
경주시 탑동에 있는 박혁거세 왕의 부인인 알영 왕비의 탄생지입니다. 박혁거세 왕의 탄생지인 나정처럼 알영 우물터 위에 사각형 화강암을 덮어 우물 표지를 해 놓았습니다. 《삼국사기》에는 알영 왕비가 알영 우물에 나타난 용의 오른쪽 옆구리에서 태어난 여자아이라고 적혀 있습니다. (시몽포토)

《삼국사기》에 적힌 박혁거세 왕
《삼국사기》에도 박혁거세 왕에 얽힌 이야기가 다음과 같이 적혀 있습니다.
"고허촌장 소벌공이 양산 기슭 나정 옆의 숲 사이에서 말이 무릎을 꿇고 우는 것을 보고 가 보았더니 말은 없고 그 자리에 큰 알이 놓여 있었다. 그 알을 쪼개니 어린아이가 나와 데려다 길렀다. 나이 열 살이 넘자 영리하고 성숙하였다. 여섯 마을 촌장들이 그 출생을 기이하게 여기고 임금으로 삼았다."

쇠로 만든 무기를 든 사람들

좁은 숲길을 지나자 아름다운 들판이 나왔습니다. 들판에 핀 꽃 둘레에는 하얀 나비들이 하늘하늘 날고 있었습니다. 하얀 나비들은 알영이 다가가도 도망치지 않고 알영 주위를 맴돌았습니다. 꽃과 하얀 나비와 어우러진 알영의 모습이 박혁거세는 무척이나 아름다워 보였습니다.

"어머, 이건 누에나방이잖아."

꽃잎 아래 풀 더미에서 파닥대고 있는 누에나방을 알영은 손바닥 위에 소중히 담아 올렸어요. 박혁거세는 거무튀튀한 누에나방이 징그러워 눈살을 찌푸렸어요. 알영은 그런 박혁거세를 뽕나무 밑으로 데려갔어요.

"자, 한번 볼래? 나무 위에서 뭔가 꿈틀거리는 거 보이지?"

"응. 벌레 같은데."

"누에나방이 죽으면서 이 뽕나무에 알을 낳아. 그 알에서 깨어난 누에는 뽕나무 잎을 먹고 자라. 시간이 지나면 누에는 자기 잎에서 실을 뽑아 집을 짓는데, 그 집을 고치라고 해. 누에는 그 고치 속에서 쑥쑥 자라서 껍질을 벗고 또 누에나방이 되어 밖으로 나와. 누에나방은 날개가 있지만 나비처럼 날지 못하고 예쁘지도 않지만 좋은 일을 하지."

"좋은 일? 그게 뭔데?"

"실을 뽑잖아. 난 이 실로 옷감을 짤 방법을 궁리하고 있어."

혁거세는 알영이라면 해낼 수 있을지도 모른다고 생각했습니다. 구경을 마치고 기분 좋게 알영이 집에 돌아오자 할머니가 소청한테 미음을 먹여 주고 있었습니다.

"소청 형!"

"아니, 혁거세야! 살아 있었구나. 난 네가 죽은 줄 알고 얼마나 걱정했는데, 흑흑흑. 미안하다. 용서해 줘."

"아니야, 형. 그 자리에 있으라고 했는데 내가 다른 데 가 버리는 바람에 나 찾으러 다니다가 형이 뱀한테 물렸잖아. 용서받을 사람은 나야."

박혁거세와 소청은 서로 잘못을 빌며 얼싸안고 울었습니다.

다음 날, 박혁거세는 알영과 함께 무사 집을 찾았습니다.

"무사님, 이 은혜는 결코 잊지 않겠습니다. 약속도 꼭 지키겠습니다. 그럼 안녕히 계십시오."

박혁거세는 소청을 흰말에 태우고 마을을 나섰습니다. 알영은 양산 기슭까지 따라 나왔습니다. 이제 알영과도 작별 인사를 해야만 했습니다. 눈물을 글썽거리는 알영을 보자 박혁거세의 마음도 아팠습니다.

"알영아, 우리 꼭 다시 만나자. 알겠지?"

"응, 혁거세야. 잘 가."

한편, 박혁거세와 소청이 집을 나간 뒤로 한꺼번에 감감무소식이자 소벌공의 집은 말 그대로 초상집 분위기였습니다. 사람들을 풀어 이곳저곳을 다 찾아 다녀 봐도 소용이 없었습니다. 그러던 차에 박혁거세와 소청이 아무 탈 없이 집으로 돌아오자, 소벌공과 그의 부인은 말할 수 없이 기뻤습니다.

그 일이 있고 난 뒤부터 박혁거세와 소청은 사이가 아주 좋아졌습니다. 그렇지만 박혁거세의 마음 한구석은 늘 텅 비어 있는 기분이었습니다. 알영이가 눈앞에 아른거려 밤잠을 설치는 날이 많았습니다.

그러던 어느 날, 긴급하게 6촌장 모임이 열렸습니다. 이번 비상 모임에는 6촌장의 자제들도 나왔습니다. 비상 모임을 연 사람은 양산촌의 알평 촌장이었습니다.

"초하룻날도 아닌데 갑자기 모이라고 해서 다들 놀라셨을 겁니다. 다름이 아니라 우리 양산촌에서 큰 일이 터져 다들 모이라고 했소."

"알평, 무슨 일인데 그러십니까?"

소벌공이 걱정스러운 얼굴로 물었습니다.

"얼마 전에 북방에서 내려온 이주민들이 우리 마을에서 살 수 있게 해 달라고 사정을 하기에 허락해 줬소. 살아갈 터까지 내가 손수 마련해 줬건만, 살 만하니까 나를 업신여기고 협박까지 하고 있다오."

"그런 배은망덕한 놈들이 있나? 그렇다면 당장 마을에서 쫓아 버리지 그러시오."

다른 촌장이 노기를 띠며 말했습니다.

"그럴 수 없는 게 바로 이것 때문이오."

알평 촌장이 꺼내 든 것은 쇠로 만든 무기였습니다. 알평은 청동으로 만든 칼을 쇠로 만든 칼에 세게 내리쳤습니다. 쨍강 소리와 함께 청동으로 만든 칼이 그만 두 동강이 나고 말았습니다. 쇠로 만든 칼의 위력에 모두들 소스라치게 놀랐습니다.

"우리한테 있는 무기라고는 청동으로 만든 칼뿐인데 이들한테는 쇠로 만든 튼튼한 무기가 있다오. 이젠 아예 대놓고 쇠로 된 무기를 만들고 있소. 게다가 이주민들의 우두머리는 쇠로 만든 무기를 들고 나타나 나더러 촌장 자리마저 내놓으라고 협박하고 있으니 대체 이를 어찌 하면 좋단 말이오?"

알평 촌장의 이야기를 다 듣고 나자 다른 촌장들과 자제들의 얼굴은 금세 두려움으로 뒤덮였습니다. 왜냐하면 양산촌을 손에 넣고 나면 그다음에는 다른 마을에도 욕심을 내고 전쟁을 걸어올 게 틀림없기 때문입니다. 쇠로 만든 무기가 있는 양산촌의 이주민들 때문에 평화롭던 서라벌에 위기가 불어 닥친 것입니다.

서라벌의 6촌장과 그 자제들은 머리를 맞대고 의논했지만 달리 뾰족한 수가 떠오르지 않았습니다. 쇠로 만든 무기를 살펴보던 박혁거세가 알평 촌장한테 질문을 던졌습니다.

"알평 촌장 어른, 그 이주민들이 쇠로 된 무기를 만들고 있을 뿐이지 아직 군사를 모아서 훈련을 하고 있는 건 아니지요?"

"아직은 그렇지만 그건 시간문제야. 마을 사람들한테 쇠로 만든 장식품을 나눠 주면서 자기편으로 끌어들이려고 한껏 입발림 소리를 하고 있거든."

"그렇다면 제게 한 가지 묘안이 있습니다. 제가 한번 그 문제를 풀어 보겠습니다."

"허어, 어른도 못 푸는 문제를 어린 네가 어찌 푼다고 나서느냐?"
알평 촌장은 도무지 박혁거세의 말을 믿을 수 없었습니다.
"혁거세야, 정말 자신이 있느냐?"
소벌공은 기대에 찬 얼굴로 진지하게 물었습니다.
"네, 아버님. 믿어 주십시오."
소벌공은 어쩌면 바로 지금이야말로 박혁거세가 태어난 비밀을 밝힐 때라고 생각했습니다.
"여러분, 이 아이는 평범한 아이가 아니라 서라벌을 지키라고 하늘이 내려 주신 아이입니다."
느닷없는 소벌공의 말에 사람들은 어안이 벙벙했습니다.
"소벌공 촌장, 왜 그러시오? 쓸데없는 말이라고는 통 모르는 사람이 무슨 뚱딴지 같은 소리를 하시오?"
"자, 흥분하지 말고 내 말을 잘 들어 보시오. 그러니까 십 년 전 초하룻날, 모임을 마치고 집에 돌아가던 길에 환한 빛에 이끌려 양산촌 기슭 나정 우물에 이르렀다오."
그것은 소벌공만 본 게 아니었습니다. 다른 촌장들도 그날 봤던 환한 빛을 기억하고 있었습니다. 소벌공은 나정 우물가 알에서 깨어 나온 박혁거세의 기이한 탄생 이야기를 들려주었습니다. 이야기를 다 듣고 난 사람들은 놀라움을 감추지 못했습니다. 소청은 믿을 수 없다는 듯 박혁거세를 바라보았습니다.

박혁거세는 놀라움에 말문이 막힌 채 얼어붙어 있었습니다. 그때 알평 촌장이 박혁거세의 발아래 엎드려 눈물을 흘리며 호소했습니다.

"하늘이 내려 주신 분이시여! 부디 위기에 부닥친 우리 서라벌을 구해 주시옵소서."

그러자 그 자리에 있던 다른 사람들도 모두 엎드려 절을 했습니다.

역사스페셜박물관

조양동 고분
《삼국사기》 기록에는 박혁거세 왕이 기원전 57년에 신라를 건국했다고 나오는데, 바로 이 조양동 고분은 그때의 것으로 보이는 고분입니다. 이 조양동 고분에서 나온 유물들은 박혁거세 왕 때 신라 사람들이 어떻게 살았는지 잘 보여 주고 있습니다. (국립경주박물관)

조양동 고분 발굴 철제 유물
조양동 고분에서 나온 유물 가운데 가장 눈여겨볼 것은 여러 가지 쇠로 만든 농기구와 무기 들입니다. 철기의 출현은 당시 사회에 커다란 변화를 주었습니다. 박혁거세 왕은 철기 문화를 바탕으로 나라의 기틀을 세우고 신라를 부강한 나라로 만들어 갔습니다.
(국립경주박물관 경박200706-85)

여러 가지 농기구   쇠낫과 쇠도끼

한나라 때 쓴 청동거울
그때 신라는 먼 나라와 교역하며 부를 쌓아 가고 있었습니다. 조양동 고분에서 나온 중국 전한 시대의 청동거울이 그 사실을 말해 주는 증거입니다. (시몽포토)

왕위에 오르다

자신의 출생 이야기를 들은 박혁거세는 큰 충격에 빠졌습니다. 자기가 소벌공의 친아들이 아니라는 사실을 도무지 믿을 수가 없었습니다. 박혁거세는 엎드려서 자신만 바라보고 있는 사람들을 뒤로 한 채 집으로 돌아와 버렸습니다. 뒤따라 온 소벌공과 소청이 잇따라 불렀지만 박혁거세는 자기 방에 틀어박혀 나오지 않았습니다. 그러자 소벌공은 방문 앞에 꿇어앉아 박혁거세를 설득했습니다.

"혁거세야, 충격이 컸겠지만 그것은 모두 사실이다. 비록 네가 내 친자식은 아니지만, 너는 소청과 다를 바 없는 소중한 내 아들이다. 너는 서라벌을 위해 큰일을 하라고 하늘이 내려 주신 귀한 아이다. 위기에 빠진 서라벌을 구해 낼 사람은 오직 너뿐이다. 그러니 어서 마음을 풀고 나오너라. 이 아비가 간곡히 빈다."

그제야 박혁거세는 눈물을 뚝뚝 흘리며 뛰어나와 소벌공의 품에 안겼습니다. 옆에서 지켜보던 소청도 두 사람을 얼싸안고 울었습니다. 그렇게 한바탕 울고 난 박혁거세는 양산촌에서 일어난 문제를 풀려고 흰말을 타고 길을 떠났습니다. 박혁거세의 목적지는 바로 알영 마을이었습니다. 이윽고 박혁거세는 그동안 한 번도 잊은 적 없던 알영의 집 앞에 다다랐습니다.

"알영아, 나야. 박혁거세가 왔어."

그 소리를 듣자마자 방에 있던 알영이 부리나케 뛰쳐나왔습니다.

"너 정말 박혁거세 맞아? 혁거세야, 정말 보고 싶었어. 그런데 네가 여기 온 걸 무사님이 아시면 가만두지 않을 텐데 어쩌려고 그래?"

"괜찮아. 무사님을 만나러 왔어."

박혁거세와 알영은 반가운 마음을 잠시 억누르고 곧 무사 집을 찾아갔습니다. 박혁거세를 보자 무사의 얼굴은 사납게 일그러졌습니다.

"네, 이놈! 다시 나타나면 가만두지 않겠다고 했거늘, 왜 또 왔느냐?"

"드릴 말씀이 있어 왔습니다. 꼭 도와주셔야 합니다."

"허어, 살려 달라고 사정을 해도 모자랄 판에 도와 달라니 이런 맹랑한 놈이 있나?"

박혁거세는 그런 무사 앞에서 조금도 주눅 들지 않고 찾아온 까닭을 낱낱이 밝혔습니다.

"지금 네가 전쟁을 벌이라고 부추기는 것이냐?"

"그들은 양산촌을 손아귀에 넣고 나면 또 다른 마을을 욕심낼 것입니다. 그렇게 되면 서라벌은 전쟁의 도가니에 빠지게 될 게 틀림없습니다. 알영 마을 사람들은 전쟁이 지긋지긋해서 이곳까지 오시지 않았습니까? 전쟁을 바라지 않으신다면 제발 전쟁을 막아 주십시오."

"허허, 처음 볼 때부터 보통 녀석이 아니라고 생각했는데 내 예상이 딱 들어맞았군. 좋다, 네 뜻대로 하마."

"감사합니다, 무사님. 이 은혜 결코 잊지 않겠습니다."

무사는 알영 마을 사람들한테 자초지종을 설명하고 출병 준비를 시켰습니다. 알영의 마을 남자들이 쇠로 된 무기로 중무장하고 말을 타고 나타나자 박혁거세는 그야말로 천군만마를 얻은 듯 든든했습니다. 전갈을 미리 받고 양산촌 마을 앞까지 마중 나온 촌장들은 그 모습을 보고 감격해 눈물을 흘렸습니다. 누구보다도 소벌공의 감회는 남달랐습니다. 알평 촌장은 양산촌의 이주민들이 사는 거주지로 앞장섰습니다.

그 시간, 양산촌의 이주민들은 수신이라는 자의 지휘 아래 쇠로 된 무기를 만드는 데 정신이 팔려 군사들이 오고 있다는 사실을 까맣게 모르고 있었습니다.

"모두 두 손 들고 나와라!"

알평 촌장은 무기를 만드는 곳 앞에 서서 큰 소리로 외쳤습니다. 그 소리를 듣자마자 곧바로 이주민의 우두머리인 수신이 불같이 화를 내며 뛰쳐나왔습니다. 그렇지만 수신은 쇠로 된 무기를 들고 보무도 당당히 서 있는 기병 부대의 모습을 보고는 까무러칠 듯 놀랐습니다.

"여봐라, 당장 저 우두머리를 묶어라! 그리고 나머지 이주민들도 모두 끌어내라!"

무사의 말이 떨어지기 무섭게 군사들은 이주민들을 끌어내 무릎을 꿇게 했습니다. 그런 다음 박혁거세한테 이주민들의 처벌 문제를 맡겼습니다. 한참 생각을 하고 난 뒤 박혁거세는 마침내 결단을 내렸습니다.

"잘 들어라! 갈 곳 없어 헤매는 너희를 받아 줬건만 배은망덕하게도 너희는 양산촌을 집어삼키려 했다. 그 죄 죽어 마땅하나 다시 한 번 기회를 줄 테니, 너희의 철기 제작 기술을 서라벌 사람들한테 가르쳐 주어라. 단, 너희를 부추긴 우두머리 수신은 또 어떤 모략을 꾸밀지 모르니 이 마을에서 내쫓을 것이다."

무사와 여섯 촌장들은 비록 나이는 어리지만 박혁거세의 현명한 결정에 자못 감탄했습니다. 박혁거세는 무사와 군사들한테도 한 가지 부탁을 했습니다.

"이들이 지금은 무사님과 군사들이 무서워 얌전히 있겠지만, 무사님과 군사들이 다시 알영 마을로 되돌아가고 나면 이들의 태도가 또 어떻게 바뀔지 모릅니다. 그러니 당분간 서라벌에 남아 평화를 지켜 주셨으면 합니다."

잠깐 동안 생각에 잠겼던 무사는 마침내 박혁거세의 진심 어린 간청을 받아들이기로 했습니다. 그러자 이번에는 알평 촌장이 중대한 제안을 했습니다.

"여러분, 이번 일을 거울 삼아 우리도 이제 하나로 뭉쳐 더 크고 강한 나라를 일으킵시다. 그리고 그 새 나라의 왕으로 박혁거세를 추대합시다. 모두 어떻습니까?"

그 말에 나머지 촌장들도 만장일치로 찬성했습니다. 이로써 박혁거세는 6촌장의 추대로 신라의 첫 번째 왕이 되었습니다.

박혁거세는 곧바로 쇠로 된 무기를 군사들한테 보급해 신라의 군대를 강하게 바꾸어 놓았습니다. 또한 백성들한테는 쇠로 된 농기구를 많이 만들어 나눠 주고 농사를 짓게 하자 거둬들이는 곡식이 놀랄 만큼 늘어났습니다. 그러자 신라 백성들은 철기를 두루두루 쓸 수 있게 해 준 박혁거세 왕을 입이 마르도록 칭찬했습니다.

비록 아직 나이는 어리지만 모든 일을 막힘없이 척척 해내는 박혁거세를 바라보는 6촌장과 그 백성들은 마음이 무척 든든했습니다. 그렇게 박혁거세는 신라 백성들한테 존경을 한 몸에 받으며 하루하루 훌륭히 커 갔습니다.

역사스페셜 박물관

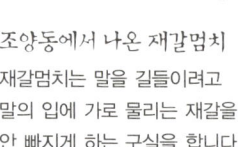

조양동에서 나온 재갈멈치
재갈멈치는 말을 길들이려고 말의 입에 가로 물리는 재갈을 안 빠지게 하는 구실을 합니다. 그동안 경주 지역에서 나온 청동기 유물 가운데 말을 타거나 부리는 데 썼던 기구는 없었습니다. 그래서 이 유물은 신라 건국 때 경주 지역에 말을 타는 사람들이 있었다는 뚜렷한 증거가 되고 있습니다.
(국립경주박물관 경박200706-85)

기마 인물 토우
경주시 노동동 금령총에서 나온 토우입니다. 박혁거세 왕은 서라벌에 새롭게 나타난 강력한 철기 문화와 기마 세력을 바탕으로 신라를 부강한 나라로 만들 수 있었습니다. 국보 제91호.
(국립중앙박물관 중박200706-261)

천마도 장니
천마총에서 발굴된 천마도 장니는 말안장 양쪽에 달아 늘어뜨리는 장니에 그려진 말 그림입니다. 가운데 흰색으로 천마도가 그려져 있습니다. 박혁거세 왕의 탄생 설화에도 하늘로 올라가는 흰말이 등장하는데, 박혁거세 왕이 신라 지역에 등장한 기마 세력과 연관이 있다는 것을 말해 주는 대목이 아닐까요? (국립중앙박물관 중박200706-261)

"북에서 왔수다!" 〈이주민〉

이주민이 모여 만든 나라, 신라
고조선이 망하자 유민들은 북에서 남으로 이주해 왔습니다. 경주 산골짜기에 터를 잡은 여섯 촌락도 조선의 유민이라고 《삼국사기》는 기록하고 있습니다. 박혁거세 왕이 알을 깨고 나왔다는 것은 여섯 촌장들과는 다른 곳에서 이주해 왔을 것으로 학자들은 생각하고 있습니다. 다시 말해 박혁거세 왕 또한 이주민이라는 얘기지요. 이로 보아 신라는 이주민들이 모여 만든 나라라고 해도 좋을 듯싶습니다.

온 누리에 밝은 빛을

어느덧 박혁거세는 건장하고 잘생긴 청년으로 자랐습니다. 그동안 나라를 다스리는 데 온 힘을 쏟아 온 박혁거세는 이제 나라의 크기에 걸맞은 새 궁궐을 지어 나갔습니다.

궁궐이 제 모습을 드러낼 때쯤, 박혁거세는 흰말을 타고 남몰래 알영 마을을 찾았습니다. 흰말은 알영의 비밀 장소에 박혁거세를 내려 주었습니다. 들판에는 옛날과 다름없이 냄새 좋고 아름다운 꽃들과 나비들로 가득했습니다. 꽃밭 바로 옆 뽕나무 밭에서는 아름다운 여인으로 자란 알영이 누에고치에서 실을 뽑고 있었습니다. 인기척을 느낀 알영은 뒤를 돌아다보고는 깜짝 놀랐습니다. 꿈에도 그리던 박혁거세가 그 자리에 늠름하게 서 있었기 때문입니다.

"폐하, 어찌 이 누추한 곳까지 오셨습니까?"
"알영아, 잘 지냈느냐? 널 데려가려고 이렇게 찾아왔다."

"저를 데려가다니요?"

"미안하다. 그동안 나라를 일으키고 궁궐을 새로 짓느라 이렇게 늦게 널 찾아왔구나. 하지만 난 한시도 널 잊은 적이 없어."

박혁거세의 그 말에 알영은 눈물을 뚝뚝 흘렸습니다. 박혁거세는 그런 알영을 품에 꼭 안았습니다. 알영을 궁궐로 데리고 온 박혁거세는 온 백성한테 혼인 소식을 알렸습니다. 마침내 백성들의 진심 어린 축하를 받으며 박혁거세와 알영은 아름다운 혼인식을 올렸습니다.

왕 박혁거세와 왕비 알영은 신라 백성들한테 존경을 한 몸에 받았습니다. 알영은 서라벌의 부녀자들한테 누에고치에서 실을 뽑아 옷감을 짜는 방법을 가르쳤습니다. 그 옷감은 어떤 옷감보다도 촉감이 부드럽고 빛이 날 만큼 고왔습니다. 사람들은 그 옷감을 비단이라 했습니다. 부녀자들이 짠 비단은 이웃 나라에 금세 불티나게 팔려 나갔습니다. 비단은 신라의 살림을 살찌우는 데 큰 보탬이 되었습니다. 그것이 알영 덕분이라는 것을 잘 아는 백성들은 알영을 입이 마르도록 칭송했습니다.

　박혁거세는 이주민들한테 매우 너그러웠습니다. 신라로 넘어오는 이주민들을 차별 없이 신라의 백성들과 똑같이 대했습니다. 게다가 훌륭한 기술이 있는 이주민들은 더욱 잘 대했습니다. 이러한 소문이 퍼지자 여기저기에서 이주민들이 몰려들었습니다.

　박혁거세는 백성들이 늘어나자 못 쓰던 땅을 개간하게 하여 이웃한 작은 나라들을 하나씩 신라 백성으로 만들어 차츰 땅을 넓혀 갔습니다. 인구가 늘고 땅도 넓어지자 군사력도 그만큼 강해졌습니다. 왕 박혁거세와 왕비 알영은 어느덧 신라의 온 누리를 환히 밝히는 빛과 같은 존재가 되었습니다.

　그런데 평화롭기 그지없던 신라에 먹구름이 드리워졌습니다. 동해 바다 쪽에서 걸핏하면 왜구가 나타난 것입니다. 척박한 왜국 땅에서 먹고 살기 힘들어 목숨을 걸고 험한 바다를 넘어온 왜구들이기에 그들은 죽기 살기로 노략질을 해 댔습니다.

박혁거세는 고민에 빠졌습니다. 군사들을 보내 왜구들을 단번에 꼼짝 못하게 할 수도 있겠지만, 그래 봤자 굶주림에 허덕이는 왜구들을 모조리 소탕할 수는 없는 노릇입니다. 곰곰이 대책을 궁리하던 박혁거세는 문득 좋은 생각이 떠올라, 곧바로 왜국에서 건너와 신라 사람으로 귀화한 호공을 불렀습니다.

"호공, 짐은 그대에게 무거운 책임을 맡기려고 한다."

"미천한 저를 신라의 백성으로 받아 주신 폐하께서 내리는 일이라면 무엇이든 하겠습니다."

"그대는 왜국 출신이라 왜구들과 말이 잘 통할 것이다. 그러니 그들한테 짐의 뜻을 전하라. 노략질을 당장 그만둔다면 왜국 땅에서도 농사를 짓고 살 수 있도록 농사법은 물론 신라의 앞선 기술을 전해 주겠다고 말이다. 호공 자네가 왜구들을 잘 설득하기 바란다."

박혁거세의 명을 받든 호공은 곧바로 군사들을 이끌고 동해 바닷가로 내려갔습니다. 신라 군사들이 마을에 머무르자 왜구들은 동해 바다 위에 자신들의 배를 대 놓고 노략질할 틈을 기다렸습니다. 호공은 배를 타고 나가 왜구들한테 간곡하게 외쳤습니다.

"너희는 언제까지 노략질을 일삼을 작정이냐? 당장 지금이라도 너희를 모조리 없앨 수 있으나 박혁거세 폐하께서는 은혜를 베푸시어 너희가 너희 땅에서 노략질을 안 하고도 배불리 먹고살 수 있게 해 주시겠다고 하셨다."

그 말에 솔깃한 왜구의 우두머리가 대뜸 물었습니다.

"우리 왜국은 땅이 척박하기 이를 데 없소. 그런데 어찌 그 땅에서 먹고살 수 있게 해 준단 말이오?"

"박혁거세 폐하께서는 신라의 농사 기술을 너희한테 가르쳐 주라고 하셨다. 그뿐만이 아니다. 앞선 기술도 전해 주고, 또 신라와 교역을 할 수 있도록 허락해 주셨다. 게다가 지금 당장 먹고살 양식도 보내 주겠다고 하셨으니, 다시는 노략질로 신라 백성들을 괴롭히지 않겠다고 약속하여라."

왜구들은 호공의 제안을 믿을 수 없어 처음에는 주춤거렸으나, 호공의 진심을 확인하고는 기쁨에 겨워 왜국으로 돌아갔습니다. 하지만 신라의 걱정은 거기서 끝이 아니었습니다.

"폐하, 북쪽에서 흉년을 겪고 있는 낙랑군이 대군을 이끌고 우리 국경선을 침략해 오고 있답니다."

보고를 받은 박혁거세는 골똘히 생각에 잠겼습니다. 그리고 마침내 결단을 내렸습니다.

"변두리 마을 주민들한테 집을 비우게 하고 이웃 마을로 대피시켜라. 그리고 낙랑군이 쳐들어오는 마을 들판에는 추수한 곡식을 가득 쌓아 놓고, 그 위에다 다음과 같은 글을 써서 붙여 놓아라."

'신라는 전쟁을 바라지 않는다. 이번 흉년을 이겨 낼 수 있을 만큼 식량을 나눠 줄 테니 들판에 쌓아 놓은 곡식을 가져가라!'

이윽고 낙랑군이 신라의 변경 마을로 쳐들어왔습니다. 낙랑군은 마을에 쥐새끼 하나 보이지 않은 채 들판에 곡식만 가득 쌓여 있는 걸 보고 처음에는 함정이 아닐까 생각했습니다. 그래서 낙랑군은 경계 태세를 갖추고 조심스럽게 곡식이 쌓여 있는 곳으로 다가갔습니다. 곡식 위에 놓여 있던 글은 곧바로 낙랑군의 총사령관한테 전해졌습니다. 낙랑군 총사령관은 전쟁보다는 평화를 지키려고 욕심을 버리고 곡식을 나눠 준 박혁거세의 결단에 크게 감동했습니다.

'역시 소문대로 신라의 박혁거세 왕은 덕이 많은 군주로구나.'

낙랑군 총사령관은 군사들한테 마을 약탈을 절대 못하게 하고, 들판에 쌓아 놓은 곡식만 챙겨서 낙랑으로 되돌아갔습니다. 박혁거세의 현명한 결단으로 신라는 전쟁의 위기에서 가까스로 벗어날 수 있었습니다. 이처럼 박혁거세가 신라를 다스리는 내내 큰 전쟁 없이 백성들은 삶을 넉넉하게 꾸려 나갈 수 있었습니다.

경주 여기저기에 흩어져 있던 여섯 개 촌락을 하나로 만들어 나라의 기틀을 세운 왕 박혁거세. 세상을 밝게 한다는 그의 이름에 걸맞게 박혁거세는 신라를 밝게 빛낸 왕 중 왕이었습니다.

역사스페셜 박물관

● 박혁거세 왕이 살았던 신라의 첫 번째 궁궐은 어디일까요?

《삼국유사》에 따르면 "경주 남산 서쪽 기슭에 궁실이 있었는데 지금의 창림사 자리"라고 밝혀 놓았습니다. 박혁거세 왕이 살았던 궁궐은 바로 그가 태어난 나정에서 1킬로미터쯤 떨어진 곳에 자리하고 있었던 것입니다.

커다란 주춧돌과
높이 7미터의 삼층석탑
기록대로 경주 남산 서쪽 기슭에서 커다란 주춧돌과 삼층석탑이 발견됨으로써 이곳에 절터가 있었음을 말해 주고 있습니다. (시몽포토)

창림이라는 이름의 글씨가 새겨진 기와
이 절터에서 발굴된 기와입니다. 이 기와의 발굴로 이 절터가 창림사라는 것이 밝혀졌습니다.
(국립경주박물관 경박200706-85)

나정의 오늘날 모습
신라의 왕들은 백성들한테 시조(나라를 세운 왕)를 신성히 여기고 받들게 함으로써 자신들의 정통성과 왕권을 튼튼하게 지키려고 했습니다. 박혁거세 왕의 탄생지인 나정은 오늘날 우리한테 그러한 사실을 알려 주고 있습니다. (시몽포토)

세상을 환히 밝힌 빛

"성호야!"

수지가 부르는 소리에 성호는 정신을 차렸습니다.

"도대체 우물 안에 뭐가 있기에 그렇게 한참을 들여다보니?"

"어, 방금까지 박혁거세 왕이 여기 있었는데."

성호는 어찌 된 일인지 몰라 하는 얼굴로 말했습니다.

"호호호, 얘 좀 봐. 너 우물을 보니깐 며칠 전에 읽었던 '우물가 알에서 태어난 박혁거세 왕'이 생각난 모양이구나."

수지는 그런 성호가 재미있다는 듯 말했습니다.

"아냐, 우물 속에 진짜 박혁거세 왕이 있었다니깐. 정말이야."

"알았어. 그럼 어서 폐가에 들어가 우물에서 본 걸 적어 보시지요."

"응. 그런데 영진이는 어디 있어?"

"네가 하도 우물을 오래 들여다보고 있으니깐 뭐가 있나 싶어 자기도 우물을 들여다보더니, 물밖에 없다며 먼저 폐가로 들어갔어."

"수지야, 너 혼자 있으면 무섭잖아. 어서 우물을 들여다보고 와. 내가 기다려 줄게."

"진짜? 사실은 우물에 혼자 있기 좀 무서웠어. 고마워. 얼른 보고 올게."

수지가 우물을 들여다보고 있는 동안 성호는 눈을 감았습니다. 그러자 우물가에 흰

말이 꿇어앉아 절을 하고 있는 모습이 보였습니다. 말은 성호를 바라보더니 웃음을 머금으며 하늘로 올라가는 것이었습니다. 말이 올라간 자리에는 알이 보였습니다. 가까이 가자 알이 쪼개지더니 밝은 빛이 새어 나왔습니다. 환해진 빛 사이로 부드럽게 웃고 있는 박혁거세 왕의 얼굴이 보였습니다. 성호는 박혁거세 왕을 다시 보자 반가운 마음에 활짝 웃었습니다.

"성호야, 무슨 좋은 일 있어? 뭐가 그리 좋아서 눈을 감고 웃고 있어?"

수지가 성호의 몸을 흔드는 바람에 성호는 눈을 떴습니다.

"아무것도 아니야. 수지야, 넌 우물에서 뭘 봤어?"

"나? 난 말이지, 아주 예쁜 달님을 봤어. 성호야, 본 걸 잊어버리기 전에 어서 폐가에 들어가 글을 쓰고 나오자."

"그래, 좋아."

조금 전까지만 해도 으스스했던 폐가에 환한 빛이 들어와 있었습니다. 환한 빛은 담력 훈련이 무사히 끝났다는 신호일까요, 아니면 성호가 무섭지 않게 박혁거세 왕이 환히 밝혀 주는 것일까요? 어찌 되었건 이제 성호는 폐가로 들어가는 것이 하나도 안 무서웠습니다. 성호는 그런 자신이 무척 대견스러웠습니다.

눈부신 황금의 나라 신라는…?

거의 모든 고대 국가에는 건국 신화가 있는데, 건국 신화의 공통점을 보면 왕의 출생이 보통 사람들과 달리 비범하고 모든 면에서 완벽한 영웅이라는 점입니다. 신라의 건국 시조인 박혁거세 또한 마찬가지겠지요.

역사가 천 년이나 되는 신라는 우리 역사에서 고조선 다음으로 오래된 나라입니다. 신라의 천 년 도읍지 경주에는 그 역사만큼이나 수많은 유물과 유적이 남아 있습니다. 신라의 왕들과 왕족들의 능인 대릉원에서부터 첨성대, 불국사, 안압지 같은 신라 사람의 혼이 깃든 유물과 유적은 신라의 화려했던 역사를 말해 주고 있습니다.

일본의 역사책인 《일본서기》에는 신라를 '눈부신 황금의 나라'라고 기록해 놓고 있습니다. 그것을 증명이라도 하듯 신라의 옛 무덤에서는 엄청나게 많은 황금 유물이 쏟아져 나왔습니다. 그 가운데 단연 돋보이는 것은 순금으로 된 왕관입니다. 순금으로 된 왕관은 온 세계를 통틀어 열 점뿐인데, 그 가운데 여섯 점이 신라의 금관이라고 합니다. 귀금속 세공 기술이 두드러졌던 신라 사람들 손으로 만들어 더욱 아름답고 정교한 금관은 세계가 감탄한 신라의 자랑입니다.

그 화려하고 찬란한 문화의 터전을 닦은 신라 건국의 시조가 바로 박혁거세 왕입니다.

박혁거세의 건국 신화는 조금 황당하거나 과장돼 보이긴 하지만 그 속에는 역사 속 사실이 담겨 있습니다. 얼마 전 박혁거세의 탄생 신화가 깃들어 있는 나정의 발굴로 신화 속의 내용이 사실로 밝혀지고 있습니다.

　조선 시대 때 상징의 뜻으로 세운 우물의 표지석 아래에는 신라 시대 때의 것으로 보이는 실제 우물이 묻혀 있었습니다. 우물 바로 위에 움막을 세우고, 우물에 사람들이 함부로 드나들지 못하도록 우물 바깥쪽에 울타리를 세우고, 울타리 밖에는 아주 큰 도랑을 만들어 놓았습니다.

　신라 사람들은 박혁거세 왕이 죽고 난 뒤에도 그를 신성한 존재로 여기며 그의 탄생지인 나정 우물에서 제사를 지냈습니다. 신라의 왕들이 직접 제사를 주관할 만큼 시조를 받드는 제사를 중요하게 여겼습니다. 시조를 받들게 하면 자신들의 정통성을 보장받고 왕권을 튼튼하게 지켜 나갈 수 있었기 때문입니다.

　학자들은 발굴과 사료를 바탕으로 박혁거세를 쇠로 만든 무기와 기마 문화를 지니고 북방에서 이주해 온 세력으로 보고 있습니다. 박혁거세는 자신과 함께 이주해 온 세력들과 나정 우물가에 정착한 뒤 차츰 세력을 넓혀 나갔습니다. 그리고 마침내 여섯 촌장이 다스리던 촌락을 하나로 만들어 신라를 세우고, 첫 번째 왕이 되었습니다. 신라 사람들은 그런 그를 신화로 그리며 기억해 온 것입니다.

역사 스페셜 작가들이 쓴 이야기 한국사 14
천년왕국 신라의 빛 거서간 박혁거세

글 최향미 | 그림 방기황

초판 1쇄 펴낸날 2007년 9월 1일 | **초판 13쇄 펴낸날** 2021년 6월 15일
펴낸이 조은희 | **편집장** 한해숙 | **기획·편집** 네사람
디자인책임 하늘·민 | **디자인** 최성수, 최금옥 | **사진진행** 시몽포토에이전시
마케팅 박영준, 한지훈 | **온라인 마케팅** 정보영 | **경영지원** 김효순 | **제작** 정영조, 정해교
펴낸곳 (주)한솔수북 | **출판 등록** 제 2013-000276호 | **주소** 03996 서울시 마포구 월드컵로 96 영훈빌딩 5층
전화 02-2001-5823(편집), 02-2001-5828(영업) | **전송** 02-2060-0108 | **전자우편** isoobook@eduhansol.co.kr
블로그 blog.naver.com/hsoobook | **인스타그램** soobook2 | **페이스북** soobook2
ISBN 979-11-7028-476-5 73910 **ISBN** 979-11-7028-461-1(세트)

어린이제품안전특별법에 의한 제품 표시
품명 아동 도서 | **사용연령** 만 8세 이상 어린이 제품 | **제조국** 대한민국 | **제조자명** ㈜한솔수북 | **제조년월** 2021년 6월

ⓒ 2007 최향미·네사람·(주)한솔수북
※ 저작권법으로 보호받는 저작물이므로 저작권자의 서명 동의 없이 다른 곳에 옮겨 싣거나 베껴 쓸 수 없으며 전산장치에 저장할 수 없습니다.
※ 값은 뒤표지에 있습니다.